Éle Semog

A COR
DA
DEMANDA

malê

Copyright © 2018 Editora Malê
Todos os direitos reservados.

ISBN: 978-85-92736-25-5
Capa: Dandarra Santana
Diagramação: Márcia de Jesus
Edição: Vagner Amaro

Dados internacionais de catalogação na publicação (CIP)
Vagner Amaro CRB-7/5224

S472c   Semog, Éle
           A cor da demanda/ Éle Semog. – Rio de Janeiro: Malê, 2018.
             147 p.; 21 cm.
             ISBN 978-85-92736-25-5

             1. Poesia brasileira 2. Literatura afro-brasileira I. Título

                                                CDD – B.869.1

Índice para catálogo sistemático: Poesia brasileira B869.1
2018

Todos os direitos reservados à Malê Editora e Produtora Cultural Ltda. www.editoramale.com.br
contato@editoramale.com.br

Elsa,

*o amor com poesia
ainda é pouco,
pois aprendi, contigo,
que o amor não sobra
quando se vive todo.*

"Ofereço-te Exu
o ebó das minhas palavras
neste padê que te consagra
não eu
porém os meus e teus
irmãos e irmãs em
Olorum
nosso Pai
que está
no Orum

LAROIÊ!"

Abdias do Nascimento
(Trecho do poema Padê de Exu Libertador)

DEMANDAS X DESMANDOS

Engraçados, esses saudosistas. Eles nos remetem à Bela Época com suas damas de vestido comprido, espartilhos, chapéus com flores e sombrinha. E cavalheiros de colete capazes de atirar o paletó sobre a poça de água para proteger os pezinhos femininos da lama imunda.

Mentirosos, esses saudosistas. Eles se calam sobre as diversas formas de opressão que sempre existiram e chamam de Bela Época o tempo em que a inconsciência sufocava as demandas contra os desmandos.

Neste limiar de uma era catastrófica não existe mais lugar para romantismo cor-de-rosa, sonhos de noite de verão. A realidade avança pelas ruas sem respeitar a sinalização, invade as casas não dando importância para a censura e/ou manipulação da mídia. As demandas brotam e se manifestam nos gritos, nas palavras de ordem e de desordem, nas danças "mal-educadas" das galeras, na cola de sapateiro, na lágrima do homem e na força da mulher, na poesia de Éle Semog.

Cada verso tem a potência de uma bala de AR-15 estourando a lataria de um carro-forte. Sem perder a ternura jamais, é verdade. É o sabor do inhame transplantado das savanas para o asfalto famélico do Rio de Janeiro. Semog sabe - e diz com todas as letras - que "o poema agora é incontinência fisiológica diante da arrogância da morte".

Não ofereçam doces a quem foi criado com pimenta. Nem esperem lirismo de quem traz as marcas da História. Uma história que foi - e continua sendo - construída à base do sofrimento e da miséria. A poesia de Semog assume a tarefa de porta-voz das vítimas da história, pois ele vê no poeta o "imaginário corretivo carregado de densas esperanças e de amarguras que se confundem".

Em seus versos a Lapa ainda é o ponto maior do mapa, com fantasmas perambulando pelos sobradões que resistiram ao tempo. Os machistas refreiam os instintos diante de uma delegacia especializada. As mulheres amam, amam muito, embora o amor seja um fardo quase impossível de suportar. As crianças têm os olhos minguados, os dentes podres, farrapos sobre o corpo, imagem de um futuro obsceno. O racismo que denuncia não é um elemento figurativo. Está na pele segregada, na boca amordaçada, na obrigatoriedade da perfeição, na consistência de que tudo à direita serve à esquerda e vice-versa ("para comprovar, tente ser negro e ser tudo").

O poeta Éle Semog é assim.

Um siri maluco que ataca a lua menstruada. Com uma angústia tão limpinha que dá até para exibir.

Nick Zarvos

SUMÁRIO

COM O URBANOS
NA BOCA DO POVO ... 15
VISTO DAQUI O ALÉM MAR ... 16
SURF DE TREM ... 17
CÍCLICO DA MORTE ... 18
CLIMATÉRIOS ... 27
ECUMÊNICO ... 28
IMPRESSÕES ... 29
SACANAGEM ... 31
NUMA FURADA ... 32
POSTER LINGUAGEM ... 34
SENTIDOS ... 35

COM AS MULHERES
PALCO ... 43
PELA BOCA ... 44
HISTÓRIA PARA MEU SONHO ... 45
QUANDO ELE PASSA ... 47
RESSACA ... 48
DA SUA INTIMIDADE ... 49
TRAVAS ... 50
TRINTA, QUARENTA, CINQÜENTA... ... 52
ESSA É PRO ANALISTA ... 53
O RACISMO SE PRATICA ASSIM ... 54
POSSE ... 55
ASSASSINATOS DOMÉSTICOS ... 56
ÚLTIMA DEDICATÓRIA DE AMOR ... 57
COM AS NEGRAS, COM AS BRANCAS ... 60
SOBRE A AMPLIDÃO DA VIDA ... 61
TRÂNSITO OU TRÁFEGO ... 62

COM O ROMANCE
FALAÇÃO SOBRE TODO O AMOR	**64**
POR AÍ, NOS LABIRINTOS	**71**
TERNURA	**72**
UM CIRCO, MEIO DUELO, TOLO DUETO	**73**
ARRISCANDO A SOLIDÃO	**75**
MARINA, CODINOME	**76**
LÁ LONGE	**77**
VINHA COM SORTE, MAS TIROU NOTA NOVE	**78**
MARINA E A PARTIDA	**79**
DESVELAÇÕES DU CORAÇÃO HIPÓCRITA	**80**
DO PODRE AO PERFEITO	**83**
SOBRE A ROSA DA RECUSA	**84**
DO AMOR COM PAPELADA	**85**
DE UM GOLPE	**87**
AMOR SOB ESSE TEMPO	**88**
PELO RELÓGIO DA CENTRAL	**89**
ÚLTIMO EXEMPLAR	**90**
TRÊS MESES E DEZ DIAS	**92**

COM AS CRIANÇAS
O FILHO	**95**
PIVETE	**96**
TITIC-TATAC-FUIM	**97**
FAÇANHA	**98**
SONHANDO ACORDADO	**99**
COMO O SILÊNCIO DOS PUNHAIS	**100**
TEOR	**101**
O ROSTO DO MENINO	**102**
PÉ DE GENTE	**104**
MISS BRASIL 2000	**105**
MATANÇA	**106**
COISAS DO NADA	**110**

COM O MACHISMO
ENTRE XANGÔ E MARX	**113**
PICUINHA	**114**

MATINAIS ... 115
DISCRETO ... 117
DO FUNDO DO PEITO ... 118
CRÍTICA À TUA INTERPRETAÇÃO ... 119
UMA SEDA DE MULHER ... 120
MANÉ, O VEGETAL ... 121
MARINA E O VERBO, CODINOME ... 123
ROSAS DE CHUMBO ... 125
O PAU COMO ARGUMENTO ... 127
171, 22 E OUTROS DESATINOS ... 128
LAPA, MINHA ALBUMINA ... 129
COISAS DE MERCADO DOMÉSTICO ... 132
LUXÚRIA DAS PALAVRAS ... 133
A CIDADE ATROPELADA COM AS PESSOAS DENTRO ... 134

COM O RACISMO
RAZÕES ... 141
CURIOSIDADES NEGRAS ... 143
NAS CALÇADAS DA LAPA ... 144
CARINHO ... 146
CONGLOMERADOS ... 148
CORDIALMENTE ... 149
NOSSOS ANVERSOS ... 150
PENÚLTIMO APOCALÍPSE ... 151
SEM CLASSE O NOVO ... 152
BURLAS, JOGOS E BRINQUEDOS ... 153
BRINCANDO COM BONECAS ... 154
NOTA FÚNEBRE ... 155
ALUCINAÇÕES ... 157
CURIOSIDADES BRANCAS ... 158
BLACK PALMARES ... 159

COM OS
URBANOS

NA BOCA DO POVO

Dizem de mim infernos.
Só não falam de mim
o céu que me querem tomar

VISTO DAQUI O ALÉM MAR

Onde a vida guarda-se
núcleo
o verbo é mais contrito
o verso é mais escasso.

A palavra não é parte
e sendo toda,
firma-se no vôo
de ser arte.

Como é bom poetar
desde lá d'África.
Não há griot que esqueça!
Não há sorte que arrefeça!

SURF DE TREM

Jogar com a vida
a curva, o poste
o contracheque vazio,
num fim de mês
sem orgulho, sem sorte,
sem motivos.

O salário é tão merreca
que eu viro bicho
lá em cima.

É no brilho dos trilhos
que libero a energia
do pingente da vida
de surfista mortal.

Sem papo de boy, faxineiro,
passado, família, futuro,
em cima do trem estou seguro
sou caos do distúrbio de tudo.

O meganha da Rede,
o pau, a multa. Não faz mal
o que vale é o vento
na cara da gente,
é o bicho pegando o bicho
por cima do trem
... misteriosa serpente.

CÍCLICO DA MORTE
(ofereço a mim mesmo)

                        o morto percebe a vida

Agora que amo a vida
percebo o quanto é profunda
a certeza de que vou morrer.
Retalhos de sonhos
num corte e colagem de medo
apagam tudo que poderia
ter tido um sentido.
Agora que não corro perigo
nesse moderno, cotidiano conflito,
sei perfeitamente
que posso ser o escolhido
para qualquer desses desastres
que todos os dias
me emprenham os ouvidos.

                        o morto não entende a si mesmo

Por que você chama a dor
antes que o alívio contamine?
Por que você rouba a flor
antes que a semente germine?

                        o morto não vai ao circo

Mas se a morte
for um circo
que não pega fogo,
mas se a morte

for um risco
de viver de novo.
Calado eu fico
calado eu sinto
um labirinto
me consumir.
Mas se a morte
for um ovo apodrecido
ou se for o jardim
mais florido.

De qualquer jeito
eu serei punido
ou pela vida
serei comido.
"Morrido," minto
que não vivi.
Esquecido, sinto
ter vindo aqui.

                                                  o morto sente ciúmes

A minha enlutada está tão linda
e ainda me faz o último agrado
ao usar esse vestido
e meias de seda pretas,
que ela sabe, despertam
o meu tesão e outras certezas.
Mas nem bem esfriei, ainda,
e esses caras-de-pau fingindo tristes,

contam estórias sobre mim
que não existem,
enquanto azaram as pernas da viúva.
Nem querem saber
se sou de Zambi, ou de Deus
e agora comentam os peitinhos dela!
O falso amigo que me acendeu
uma vela,
não passa de um sacana, de um fariseu.
Mas olha só aquele outro escroto
fazendo carinhos, abraçando ela!!!
Com tantos mortos indo
para o purgatório,
esse papa-viúvas
tinha que estragar o meu velório!

                                          o morto vê as outras vidas

Quando eu ultrapassar
o sonho e o sono
e não houver nenhum
silêncio em minha mente,
não saberei se alguém
há de sentir
o que eu senti
enquanto também fui gente.

                                          o morto odeia os suicidas

Aquele que da morte retorna
é que da vida

há de escapar inteiro.
Mas aquele que foi morrer
por desistir,
é porque à vida nunca veio.

                                        o morto penetra a morte

Sem nenhum segredo
é possível
traçar algum traço
mais profundo e visível
que atinja a plenitude
do vazio.
É quase certo ver que há
perspectivas dentro do nada.

                                        o morto faz arranjos com o tempo

As horas ficam assim, lentas,
e quase sinto a tristeza
entrando por dentro do relógio.
Não sinto medo
porque o óbvio é singelo,
não sinto fome
porque o alimento é sincero.
Mas vejo o silêncio
se transformar
na fonte dos meus desejos,
enquanto o relógio se esvai
para eu não ser mais
objeto do tempo em segredo.

                                      o morto vê a abelha de velório

Estranha vida, estranha natureza!
Eu ali, de fato um homem morto,
dentro de um caixão todo enfeitado,
a minha viúva cabisbaixa de um lado
e os meus amigos saturados do velório...
E um pouco antes de eu ser enterrado
vem uma abelha - zum, zum, zum -,
que voa de flor em flor, colhendo o pólen
das flores que trouxeram para mim.
Não satisfeita, ainda, a "in natura,"
faz no ar três ou quatro diabruras
e vai beber no último jardim
do defunto meu vizinho.

                                        o morto perde a calma

Não! nããO! não!
não precisam me empurrar,
podem me largar
que eu sei morrer
e me enterrar sozinho.

                                        o morto tenta ser irônico

Pode ser que eu
não tenha feito tudo,
pode ser que tudo
que fiz não valha nada,
mas sou morto feliz;
pois sempre que me sobrou
um tempo,

Éle Semog

maior do que este de estar morto,
aproveitei para coçar o saco,
ou então fiquei de papo para o ar.

> o morto não se livra dos racistas

O féretro que vai para a cova
ao lado da minha é de um
branco, burguês e racista
que queria ser cremado.
Mesmo morto-rico como está,
vai é ganhar uns poucos palmos de terra,
por causa do seguro e da burocracia.
Mas sorte mesmo vão ter as minhoquinhas,
que pastarão no meu cadáver e no dele
variando no sabor das nossas proteínas.

> o morto discrimina os deficientes

Que engraçado, que absurdo!
Não sou cego, aleijado, ou mudo
mas morri.

> o morto lembra da janela

A casa ficará vazia
e certamente você vai chorar
quando ouvir aquela música.
Dias depois, quando estiver
arrumando uns papéis
e encontrar um poema inacabado
que lhe dedico,
a saudade não vai ter fronteiras

A cor da demanda

e as lembranças serão
o seu pior perigo.
Seremos, ainda, um caso fresco
nas boca dos amigos,
pois, todo mundo sabe, o quanto
para mim, foi bonito
estar contigo.
Contigo partilhei muitos invernos e outonos
e acompanhávamos a amendoeira
que se desnudava em frente à janela,
primeiro as folhas ficavam vermelhas,
depois amarelas...
A casa ficará vazia
e agora onde estou
não preciso ser feliz.

                                              o morto não quer pena

O que me incomoda em ser defunto
é essa tristeza no rosto
da minha ex-companheira,
é esse ar de dor e pena
na voz dos meus amigos
... é esse bando de abutres
me chamando de falecido.

                                              o morto banca a festa

Gostaria muito
que na primeira festa
depois da minha morte,
a família, os amigos,

os poetas reunidos,
saboreassem um gostoso
vatapá com caruru.
Vou me fartar na lembrança de vocês!
Melhor ainda
se no cheiro do dendê,
o afoxé comer solto
com samba e maculelê.
Cervejinha bem gelada
e gengibre pra se beber...
Êta gurufim bom!
Quem me dera estar vivo
só para brincar com vocês.

                                        o morto está vivinho da silva

Cada vez com mais vontade
de ficar sozinho
é como me sinto agora
nesta hora de dormir.
Cada vez mais sem ninguém,
como se eu não estivesse
nem em mim.

Sem essa rapaz!
a vida é da melhor qualidade,
veste uma beca maneira
vai para um pagode, uma boate,
pois todo mundo nessa vida
tem seu quinhão de felicidade.
Ai...que dor estranha no peito

A cor da demanda

que dormência no braço.
Ai, que merda!
Agora é sério. É infarto.

CLIMATÉRIOS

Tem certas manhãs
que as flores passam
pelos meus sentimentos
mais rápidas que a primavera
pelo tempo
... sinto um sopro, uma ilusão
e quase sei deste defeito
nos meus sentidos.

Já faz mais de horas
que o dia cresceu,
o trabalho é um câncer salutar
e talvez a marmita não azede
e talvez a polícia não maltrate
e talvez o coração dela me acate.

Tem certas noites que vem,
de fora de mim,
uma coisa bruta que come
as palavras do meu peito
quase sei deste defeito
dos meus sentidos...

É quando me sinto
como a alma de um bandido
fingindo no corpo de um herói.

Tem certas manhãs,
mesmo que eu não queira,
que é tudo, tudo inverno.

ECUMÊNICO

Ontem fui rezar
e levei o maior
carão de Deus.

Fui bater cabeça
e o meu Xangô
ficou brabo.

Olhei na direção
de Meca
e o Altíssimo
foi-me rigoroso.

Não tive outro
jeito...

Mulheres, cervejas,
ócio !

Voltei ao pecado

IMPRESSÕES

O véu, a noiva.

      A família miúda ainda.
      Nem bem mulher,
      nem bem senhora
      apenas a fé
      de que vai ser bom.

A promessa de um momento
traindo o sonho acalentado.
A noiva. A casada.
O véu não vai ao vento
é só tempestade
      na mulher calada.

Depois o tempo é um deserto.
O oásis da menina
agora é uma amargo céu,
por vezes doce inferno.

Pombas sobrevoam
a triste sina,
sem perceberem quando eu grito,
que tanto é tão pouco
nesse infinito.

Vizinhas, amigas, tantas como eu
tecem atitudes e revoluções. Nem usam rímel.

As rugas sufocam,
mas outras marcas de mulher
constroem tempos de mudanças.

O sonho acalentado deixou de ser
virtude. O marido é um crédito dos filhos viciados.

A louça, o sabão de coco,
depois o pano de prato.

O silêncio do rádio ligado
e a indiferença do noivo,
que até parece outro,
resumem a vida:
por fora a mulher mal amada
por dentro a mulher mal comida.

SACANAGEM

A poesia é como uma
masturbação entre palavras,
uns evitam até a morte
outros cometem como podem.
As frases são bacanais, são lobbies
entre a solidão que nos cria
e a alegria que nos fode.

NUMA FURADA

O Zeca era um cara legal
levava a vida no sapatinho,
era gente fina
com a família e os vizinhos.

Quando aquele papo rolou
todo mundo pensou
que fosse conversa fiada,
coisa de vizinha faladeira,
um disse me disse, mais nada.

Mas não é que era verdade!

Foram mais de quinze anos de casada,
com três filhos e morando
numa meia água alugada...
A Rita levou uma
bola nas costas do Zeca.
Todo mundo achou
uma tremenda traíra.
Teve choro e gritaria:
eu te amo! eu mato! eu morro!
Foi o maior sururu na parada
bem em frente à padaria.

Levou o som e a geladeira,
deixou o aluguel atrasado,

a luz cortada
e as crianças passando necessidade.
O Zeca largou a Rita e se mandou
com uma mocinha de pouca idade.

POSTER LINGUAGEM

(geração pós censura)

- sabe mina
- sabe gato
- dimais, dimais
- sabe, é super
- sei lá, é super legal
- sabe é super assim, sei lá
- a Ali ficou com o Pan
- na festa do Rato
- pô, afino legal
- é isso
- é sim, sabe
- aí matemática mina
- é sim gatinho, inglês e química
- liguei geral, te amo
- ta'mem, sabe
- liga amanhã
- liga támem
- beijo tchau
- tchau beijo.

SENTIDOS

(sobre o depoimento de um do nosso povo)

EU gosto mesmo
é quando a minha
barriga faz
        ROOOONNNNG
barulho forte
de fome dentro de mim
que chega até
dar zueira nos ovidos.
Ali no meu ponto de esmola,
na Avenida Rio Branco,
eu fico olhando as pessoas
passando na minha frente,
é cada branco que faz gosto; preto é melhor ainda,
tudo proteína
tudo alimentaçao da boa.
IH moço! Mendigo
preto é besta,
é besta mesmo...
bebe mais do que eu
e quando arranja
roupa ou comida
fica igual a bicho,
não divide com ni'guém.
... Se tem diferença de cor?
Claro que tem.

Nós é mendigo,
mas Deus é branco
que nem eu.

FOME agrada as pessoa,
mas não é agradar de ser feliz,
é um agrado das vontades.
Diz se tem coisa
mais bonita
do que galinha assando,
assim, assim,
na porta de botequim.

Inda mais quando
o sol do meio dia
está batendo na cabeça
e a gente não sabe saber
se ainda é homem ou besta,
com aquele cheirinho
de frango assado
que dá água na boca
e até parece poesia concreta
na barriga fugidia da mente.
Um dia vou palitar dente
pra todo mundo ver.

BAMBEIRA de fome,
deixa os joelhos moles
as juntas dormentes
e uma zonzura

com dor fininha
que a gente quase não sente.
Ah... lembra sim,
a hora de gozar com a mulher
que é dos outros. É perigoso.
Mas é diferente.
Adis? Nunca veio aqui não.
Aids? Também não é daqui não.
Deve ser novidade de Copacabana. Sã Paulo.
Às vezes vai quatro dias
sem um um prato de comida
só uns restos de pastéis
e uma garrafa de birita.
Bom mesmo é sentir
aquela revolta nas tripas tanto faz se dói cruzado
se dói de noite ou de dia.
Mas valei-me Ave Maria!
Nessa hora de aperto
pois é briga das tripas e azia
quando como um prato feito.
(Feijão, arroz, galinha, salada, farinha, macarrão, água, só meu!
 E dois palito. Um pra na hora e outro pra dispois).

A coisa que causa medo
não é nem de sentir dor,
que dor é só um momento,
o que mais assunta mesmo
é ficar sem nada dentro.

Bons comedores não são punidos.

Eram camarões rosados
alfaces tenras, patês
uvas, maçãs, pêras
e um belo carneiro
assando sobre as brasas
lentas, quase 200 graus.
Vinhos brancos, vinhos tintos
de buquê perfeito, ímpar,
guardanapos todos seda
talheres de brilho solitário.
Perdizes e faisões de vôo jovem,
molhos de nozes e amêndoas,
pimenta do reino fresca
tomilho e manjericão, os mesmos das oferendas.
Acorda cão!
É vem a sopa da Leão XIII.

Fiz nada demais,
nadinha, nadinha,
i eu falei tudo
mas o seu polícia me prendeu.
Só porque o miudinho
morreu ali
quietinho, quietinho,
nem deu suspiro, nem reclamou.
Durou bem, durou muito!
Se passa dos 10 meses
ele até durava mais.
Mas morreu o coitadinho,
e nóis não tinha o que comer.

... era eu, a mulher
e mais dois miúdos dos grandes,
um de quatro e outro de 6 anos.
Daí eu tirei as tripas,
abri, assim, feito um leitão,
a cabeça nós não comemos não.

Depois veio o camburão
e levou nós todos presos.
Chegou tanto granfino
moço de rádio e televisão,
tudo bem arrumadinho,
daqui e dos estrangeiros.

Eu contei pro delegado
que não tinha confissão:
num é melhor comer o meu filho
morto
do que invadir supermercado
e ser chamado de ladrão?

O delegado olhou assim...
parece que viajou.
Depois me prendeu. Depois me soltou.

COM AS MULHERES

PALCO

Eu tenho a culpa
e você o pecado
eu fico infeliz
e você fica calado.

Quem me dera
ser atriz
para jogar o meu corpo
no seu texto
e ser a mãe
e ser o eu do meu medo.

E ser você desvendado
no seu próprio palco.

PELA BOCA

O amor é o que te falo
é um pouco de magia
o brilho que se espalha
no turvo do dia a dia.

Às vezes ele fica mole
igual a bicho doente
vai remoendo por dentro
até aniquilar a gente.

Mas quando ele se empolga
tem o fogo da aguardente
tem a beleza dos rios
rindo pureza e vertentes.

O amor é o que eu te digo
e você não leva a sério
se é menino quer abrigo
e é abrigo quando é velho.

HISTÓRIA PARA MEU SONHO

Quando eu sonho
com a tua história
e o teu passado
cheio de amantes
eu volto a ser
aquela mulher errante
acordo aflita
cheia de ciúmes.

Durmo pra minhalma
navegar
não ser vazia nem tanta agonia
mas teus fantasmas
vêm me despertar
com sonhos magos, tua hipocrisia.

Eu vou me desfazendo
feito uma desesperada
meu peito aperta
e eu fico assustada
até que não me reste
mais nenhuma lágrima.
Resistindo para não ser nada
no tempo exato desse pesadelo
dentro de mim
uma mulher calada
desenha rugas desse desespero
e os dias comendo os dias

e as noites comendo as noites
o teu corpo perde a melodia
a insônia é o meu açoite.

Quando sonho
com quem já te amou
sabendo o que elas fizeram
com a tua vida
eu fico pedra, sou matéria frígida
que não recebe nem transmite amor.

QUANDO ELE PASSA

Se na orgia desses versos
eu pudesse lhe falar
só um tintim sobre o amor
e o quanto fico louca
com esse pouco de tesão,
diria sim, preste atenção,
que a paixão é um momento
de cinismo,
e sem maldade,
que o desespero mais bonito
é o da vizinha...

Se na fantasia desses verbos
eu pudesse confessar
todas as sevícias
que alimento pro seu corpo
você diria, aí delícia,
que eu não passo de uma doida.

Mas inibida, assim,
sei que não dou.

Então tento esquecer
que a esperança
é um jeitinho da preguiça
e que o destino
é uma desculpa pro azar de não te ter.

RESSACA

Ai meu Deus
que vida louca e vazia!
Eu não sei quem
me esqueceu,
eu não sei quem
me queria.

DA SUA INTIMIDADE

Às vezes você viaja
e esconde a intimidade
bem dentro da nossa casa.

Você tão perto é saudade.

Fica, assim, com uns olhos longe
não é tristeza, não é nada
mas sinto o seu gesto vazio,
talvez o perigo, a cilada.

Então me olho no espelho
sou perfeita sou amada...
mas quando você viaja
bem dentro da nossa casa
a violência é tão grande
e o amor é quase um fardo
que não consigo suportar.

Às vezes você não foi e parece que quer voltar
mas prefiro fechar a porta
... é mais gostoso esperar.

TRAVAS

A alma, a fêmea moída
a vida e seus labirintos
quando teço cada verso
sou contorno do infinito
sou poesia dos aflitos
que amam o que eu sinto.

SEMOG

Ter você Negro como poeta é privilégio de poucos, pois a sua poesia ainda é só nossa.

Lê-las é como ler as suas mais profundas verdades, escondidas por baixo de sua pele negra, como se cada uma delas tivesse se esvaído através de um rasgo na sua pele, misturada ao seu sangue, como uma verdade "poetizada".

Talvez, também as minhas verdades tenham se revelado neste momento de encontro, pois todos nós negros e negras, cremos ter a mesma sina, a mesma dor e alegrias, por mais que reconheçamos as nossas próprias diferenças; queremos pois, nos encontrar num espaço familiar e de igualdade.

A sua poesia é a nossa verdade.

Nela encontramos um estilo único, a partir de uma criação vinculada a sua própria vivência. Vinculação que não torna piegas a sua verdade; mas sim mostra um modo de sentir e de viver, ao seu próprio modo, o que a vida não lhe reservou.

Assim me deparei com Urbanos, um material muito novo, sem semelhanças com outros do tipo. Já aqueles que falam sobre o Racismo, senti mais a sua revolta do que a sua mensagem, pois aí parecemos iguais.

Sobre O Amor e As Mulheres, tive a impressão que você era um daqueles homens de um único amor, que guardam a poesia para o momento certo, mesmo que esteja muito errado. Afinal, você é um descendente da mais nobre linhagem dos Orixás, a sua poesia também é sedução. Já com a sua A Morte entendi sua luta e seu amor pela vida.

Sobre você Poeta nada tenho a dizer que a sua poesia já não tenha dito.

Axé
Lúcia Xavier

TRINTA, QUARENTA, CINQÜENTA...

A chama azul de um fogo
que não arde,
um cheiro de tempero
que sufoca os meus instintos.

O universo nunca esteve
tão vazio
e a hora do almoço
jamais tão triste.

Essas lágrimas não são de dor
ou de melancolia,
são apenas a fúria
cotidiana das cebolas
que não posso evitar.

De verdadeiro, as cicatrizes
que o tempo renova no meu rosto,
lembranças do meu homem
que foi ser amante em outras camas
e saudade das crianças
que se esvaíram de mim
e eu não aceito que elas
já são do mundo.

Sofri tudo de mulher.
Desde o primeiro aborto
até o que a polícia matou.
Mas a única amiga
que ficou, me viu chorar,
foram as cebolas.

ESSA É PRO ANALISTA

Quando eu fico desse jeito
que a ira ultrapassa os desejos
é melhor fechar o peito
pra não ter que desistir.

Quando eu fico desse jeito
é como o reverso da febre
é como o silêncio do cio
o mundo é um só desafio
melhor mesmo é a solidão.

Quando eu me encontro assim
feito um espinho de flor
sou por dentro a inteira dor
sou mentiras de amor,
rudezas de um trabalhador
construindo o seu próprio fim.

O RACISMO SE PRATICA ASSIM

Vale o amor
vale a luta
vale mais ainda
a pele com a outra
pele
a carne com a outra
carne
Mas nada, nadinha mesmo
de filho preto no útero.

POSSE

Quero ser veneno quente
gente no meio da tua ternura
na indisciplina das ruas,
fazer carinho de orgasmo
tirando sarro num baile do Circo Voador.

Quero achar o teu caminho da fuga
e fazer um ninho, uma armadilha
para o teu coração fingido
e ter os teus sussurros, os teus gritos
o teu cheiro sem pruridos, só para mim.

E até meio doméstica, por um segundo,
quero ser a agulha,
costura dos teus panos
farrapos de planos da vida.

Quero ser meio homem
na lógica da tua festa
só para experimentar
tudo que você detesta.

E muito além das tuas juras de amor
seguir sentindo que se ficar
vou te perder, pois sou como você,
cheia de verdades nas mentiras,
mas nem por isto muito honesta.

ASSASSINATOS DOMÉSTICOS

Enforcou-me por um fio
de cabelo
na minha camisa branca
de voal, voal do bom.

Estava entranhado,
sinuosamente,
um cabelo preto em que se pegando
dava pra ver que era
alisado por henê.

Ela, minha branca,
ficou cheia de fúria doméstica
e bagunhou a minha garganta
gritando assim:

"Cabelo em você
só se for de loura
igual a mim!"

É... tá aí.
Onde pensei que não existia
também tem.

E o pior é que é na minha
cama.

ÚLTIMA DEDICATÓRIA DE AMOR

> "Deixa eu te amar,
> faz de conta
> que sou o primeiro".
> (Agepê, o melhor cantor de música
> popular pós-moderna do mundo)

Tem gente que ama
guardando o desejo numa jaula
a céu aberto
como se fosse possível
protegê-lo dos furacões,
e por isso trata o amor
como uma semente sinistra
germinando em terra devastada.

Eu não sou assim!
Sinto paúra de ruínas.

Tem gente que não...
que não é como eu choro
e prefere vulgar-se
e prefere ficar-se dando
em nome do amor sem si,
costura de rudes vozes,
e prefere ferir-se expondo,
do que recuar-se para si Amar. Dar.

Eu não sou assim!
Carrego tristeza na fúria.

Tem gente que não...
e para fingir forte, fingir feliz
pula de cama em cama,
de coma em coma,
usando o tesão por vingança
e de emulsão em emoção
se enreda nos restos daquilo
que faz do amor um desesperdício
como se o prazer fosse da droga
e não do viciado e do vício.

Eu sou assim!
Fico sem sabor
mas não me dou amargo.

Tem gente que não...
que todos os dias,
não importa a aflição das horas,
o incômodo do tempo,
entrega um beijo na boca
sem escolher se o hiato
é de amor audaz
ou de frugal resolução.
E vai mentindo que é bom
sem sentir as vibrações
da violência, a ofensa...

sem se dar conta
que a estiagem mais incisiva
seca o rio, mas não muda o leito.

Eu não sou assim!
Trago migalhas de esperança
para um banquete amanhã.

Tem gente que não...
e trata o outro, espelho,
como última dedicatória;
pega o frágil na metamorfose
e usa o mecanismo da agressão
para romper o fluxo do sonho.

E perverso, perverso mesmo
faz da fala comida e veneno
e do movimento da paixão
uma morte antes do pesadelo.

Eu não sou assim!
A minha angústia é limpinha
dá até para exibir.

A cor da demanda

COM AS NEGRAS, COM AS BRANCAS

É preciso mais amor
à minha cor
do que amar o homem que sou,
como se eu fosse ilha
e o teu sonho de amor
um sentimento naufragado.

Dá o leite pros outros
e goza com eles
este teu apetite de mãe.
Eu levo comigo as amarguras
desses anos modernos, decadentes
e o gosto insano do colostro.

Eu era óbvio e simples
quando te desejava.
Agora não. Agora eu sou
um bicho, assim, desajeitado por dentro.

Vou sem volta
buscar a fúria de outros lençóis,
outros estímulos.
Não ponha a culpa no mundo,
fomos o que você permitiu.
Mas se amargure tentando entender
por que diabos você me perdeu.

SOBRE A AMPLIDÃO DA VIDA

A vida na jaula
é muito boa.

Jamais falta alimento
e o sonho é constante
no imaginar das fugas.

Vez por outra
o suicídio bate mais forte
do que tudo que já foi conhecido.

... mas também acomoda.

Ser livre imaginando
não é maior que a liberdade
imaginada.

A jaula da vida
é muito boa,
parece labirinto ...
pergunte por aí
se alguém quer sair.

TRÂNSITO OU TRÁFEGO

.... E fomos vivendo
pelos cruzamentos.
Ela sempre
freando
quando eu passava
e eu cedendo a vaga
no estacionamento.
Passou o tempo
sem a gente dar sinal
que se amava.
Dia desses encontrei-a
querendo manter à esquerda
numa via, todo mundo sabe,
que há muito tempo é
contramão.
Dizem que hoje
ela tem motorista...
eu, graças a deus,
parei de dirigir
e aderi à bicicleta.

COM O ROMANCE

FALAÇÃO SOBRE TODO O AMOR

(senhora e senhores)

De qualquer jeito
você me trata.
E me vê como se afrontasse
um espelho.
E me ignora...
Como se pudesse livrar-se
desse teu eu que olha
completamente em desejo.

(senhora e senhores)
Domino um sentimento
que não sei se é maior
do que sou,
mas nem fingindo sou tão grande,
quanto as coisas que domino.
Por isto este verso acima
não se esgota à própria rima.

(senhora e senhores)
Nada em você tem a ver
com o jeito comum dos mortais,
você não faz parte
do universo que conheço,
mas desconfie se desconheço
o que você diz que dedica a mim.

(senhora e senhores)
Você não avança sobre os sonhos,
sobre o mundo, sobre tudo...
não dá um passo lúdico
sem largar este peso de ser mulher.
Você tão leve, tão minha, tão só
e eu querendo ser culpado
só para lhe agradar.

(senhora e senhores)
Jamais pensei em ser feliz
trocando amor por amor,
muito menos sendo um homem
no lugar de outro homem.
Como ser todo cúmplice
das tuas obsessões amorosas,
se você quer mais
que o poder de conter o meu vôo...
Não se iluda,
também sei viver sem só voar.

(senhora e senhores)
Faltam-me as palavras e os sentimentos
se aproveitam desta ausência
para descansar.
Agora sou um poeta de nada
se houver semente não serei terra fértil
se houver segredo não serei sincero
se houver cor não serei arco-íris
se houver desejo não serei prazer

se houver embrião não serei útero.
Ainda assim, faltam-me as palavras
de não ser silêncio no silêncio dos sentimentos.

(senhora e senhores)
Por que os versos devem
acabar nas esquinas?
Quem me dera ser um velho
e puxar esta resposta
do baú de toda a vida,
como um mágico tira
cartolas da ilusão.

(senhora e senhores)
Vós que lês na ânsia
de encontrar segredo poético,
encontra primeiro em ti
a raiva
de não ser o primeiro poeta
da vossa amada,
de não ser o primeiro poeta
a ser poeta de nada,
pois toda a dor do mundo
já foi contada
... que num texto
não se arruma as palavras
como as pessoas arrumam
as suas cabeças
para o coração sentir.

(senhora e senhores)
Os versos deveriam acabar
nas esquinas
e todos nós deveríamos seguir caminhos...

Mas não é assim. Os poemas são sozinhos
e todos vocês, poetas ou não,
tentem persegui-los.

(senhora e senhores)
Cada vez que a vida se manifesta,
e que eu percebo
- e ela se manifesta tanto -
fico caçando na memória
o teu canto
como se assim... a tua voz num recanto
me desse força
para eu separar o mundo de tudo
de tudo que é o meu mundo...
Tão poucas foram as vezes que você
cantou para mim, que nem percebe
o tanto que fico feliz
com o teu silêncio.

(senhora e senhores)
Sou eu no vosso
des
    curso amoroso?
Já estou de saco cheio

de escrever este poema
e de me aplaudir em falação.

(senhora e senhores)
Você me trata de qualquer
jeito
com esse teu jeito de tratar qualquer homem.
Mas eu não fico magoado,
é até melhor assim,
pois eu sei me tratar, amor
do jeito que você se trata
pelo medo de ser amada,
só amada, respeitada e
só amada, por mim.

(senhora e senhores)
Você não tem que me explicar
quando tiver que dizer não
pois quando o quando do querer
for meu, vou lhe exigir
que me ensine, à sua moda,
a dizer sim.

...Ora bolas, o que você precisa mesmo
é saber o que fazer
com esse gostar de mim.

(senhora e senhores)
O meu beijo não invade
o teu corpo

com a mesma natureza
dos cães para a lua.
Se assim fosse, o meu beijo seria,
no extremo limite do ser,
resposta ao teu instinto
e ao invés de lhe prender
lhe acolheria.

(senhora e senhores)
Quando a tua boca
na minha boca à (há) plenitude
o que me ilude
é reduzir-me aos meus anseios
imaginando que assim
- enquanto a vida é o nosso beijo -
o teu desejo de mulher se amplia
e se realiza tão imenso
que o meu querer se perde, se confunde, esvazia,
sem que eu possa negar que estou
pleno.

(senhora e senhores)
A cama que nos acolhe
para mim é como um templo
é como um campo de batalhas
é como um palco de ato público
é como um túmulo.
A cama que nos acolhe
pega meu corpo
às vezes pluma, às vezes

fardo
e troca sonhos e troca sonos
guarda restos de orgasmos
e me expõe a pesadelos
seqüestra as minhas insônias
mas não me deixa dormir.
Diz para eu tomar vergonha
mas também diz que vale a pena
não esconde o futuro, mostra
que o mundo é duro
e nunca diz que é a nossa cama.

E quando me dou carinhoso,
buscando o calor do teu corpo
para me vingar do frio,
você bem sonolenta me fala,
para eu ir vestir um pijama.
É... nessas noites só a cama percebe
que eu adormeço chorando. Outra vez.

(senhora e senhores)
Ser amado não é dever de ninguém.
Muito menos minha obrigação.

POR AÍ, NOS LABIRINTOS

Aprender que o amor
seja livre
para que não existam
abismos sob o seu vôo.
Recriar o início
como verdade incompleta,
pois que não tem mistério
ser amado por alguém
que vez por outra deixa crer
que faltam uns pedaços...
Ou ser mais simples,
e não criar
esperança de asas
nesse sentimento
que quando anda
tropeça nas peças
que espreitam o carinho.

TERNURA

Como não ouvir
o planar daquelas
gaivotas contra o
vento
na lagoa Rodrigo de Tal.
Como não olhar -
inacreditável! -
os urubus azarando
o meu quintal.

UM CIRCO, MEIO DUELO, TOLO DUETO

Só porque sei
a filosofia do circo,
percebo quem é você
no meio do picadeiro.
A sua máscara traz
paixão já decifrada,
é quase um amor hiperativo;
é sede e água.

Mas você me olha e não vê fala.
Só quer o meu aplauso
quando me fere com seu duelo,
só quer o meu silêncio,
quando impõe o seu dueto.

As suas palavras confundem
as minhas máscaras
mas sinto, nas poucas vezes
que falo (um canto; só melodia),
que te alimento e te perpetuo
no circo da filosofia.

Por isso quando ponho
em riste a minha espada,
ameaçando jorrar mundo morno
e precioso ao léu,
você se arma para um combate,
como a se defender da fúria
de um vulcão em lava,

sem perceber que a mulher
- palavra armada -,
adestra o homem do sonho,
mas não sacia a própria fala,
língua afiada.

As minhas máscaras, bem sei,
se fundem com as suas
em nossa simbiose de algozes...
Mas quando o tempo
é preâmbulo de orgasmos;
as nossas carnes
são duetos e não duelos.
E o nosso cheiro,
e o nosso muco,
e o nosso quarto.
...Indivisível cenário
em ser sincero.

Explorar o outro,
na síntese de cada um,
faz mais doce o prelúdio
do duelo e do circo.
Daí que com o tempo,
a sinopse de cada um
reflete o mito do outro
e faz mais dúbio o dueto
e mais seguro o duelo,
não importa o picadeiro,
não importa se o amor
é sobretudo um circo.

ARRISCANDO A SOLIDÃO

Ofereço uma dor honesta
que pode ser cambiada
por felicidade, paga a vista,
em delírios, com lisura.

Não há possibilidade de lucros,
pois é alto o risco do negócio
para quem faz amor no paralelo.

Repense a sua solidão!
Quando se joga com o corpo
no câmbio negro,
o que vale é a intenção do prazer,
não a intenção do desejo.

Além do mais, ninguém considera
os sonhos de felicidade
que os amadores
querem investir na transação.

Ofereço uma dor honesta
a bom preço.
Ser feliz é muito caro,
por isso aproveite,
nunca foi tão barato sofrer.
... O único risco,
é depois da dor
a solidão.

MARINA, CODINOME

Quando os teus olhos
lacrimejam
nas nossas conversas tensas
eu imagino o conflito:
o fim entre nós dois
não é a morte,
mas também não é o limite.

LÁ LONGE

Nos meus silêncios
escondo confusas
luxúrias.

Ocorre agora
que a pureza dessa chuva
que toca as telhas,
acorda o cheiro de barro.

Prendo a respiração
para não lembrar de ti.

VINHA COM SORTE, MAS TIROU NOTA NOVE

AH! Minha consorte
dessas quadras,
minha guia nesses
labirintos tão retos,
um dia haveremos
de fazer amor
dum jeito fértil
e com os tamborins calados.

Ou quem sabe
a gente muda
pra bem longe
da quadra dessa
Escola de samba.

MARINA E A PARTIDA

Não é o café matinal
que me importuna.
Sou eu com meu primeiro trago
e você condescendente.
Não é a pasta de dente
de sabor mais ardente
que me irrita
é a cor da toalha de banho
que não combina com a minha
ressaca de manhã outonal.
Ó Marina,
Ó Marina,
é esta tua atenção
que a tudo enxerga
e esse teu carinho
que a tudo completa
que me sufoca
e me deixa feito Janis Joplin
Dow on me.

DESVELAÇÕES DU CORAÇÃO HIPÓCRITA

O poeta não é dono de si
é um imaginário corretivo
carregado de densas esperanças e
de amarguras que se confundem.

O povo é o poeta na sua expressão mais
óbvia, mais livre, mais cheia de
incertezas e de erros lógicos,
provocados pelos manuais
carregados de igualdade e bom saber.

O povo na sua poética hilária,
preconceituosa, específica
vai na frente com a sintaxe
feito um tamanduá louco
imitando um saci com dois pés.

Semog,

Já que não é o caso de fazer uma crítica especializada - o que, por sinal, não saberia - nem uma análise sócio-antropológica, tenho que começar registrando que lamentei não saber expressar com aquela maestria e talento dos poetas as impressões e emoções que a leitura dessas poesias despertam em mim.

Mas, vamos lá: a parte que mais me tocou foi "Com as crianças", na qual cada poesia vai construindo um universo infantil heterogêneo, praticamente dilacerado pela fragmentação. Nele, três tipos aparecem: em "O filho" emerge a criança através do pai, localizada no universo e aconchego da casa e da família; o segundo tipo, o "Pixote", o menor, caso de polícia, da rua, essencialmente público. Finalmente, o Semog-criança, terceiro tipo, que mora na casa e brinca na rua, protagonizando "Façanha".

Vistos como conjunto, esses três poemas, pelo contraste dos tipos evidente entre pivete e criança, e, pelo ressalto de distâncias temporais entre poeta e poeta em criança, chamam a atenção pela assimetria, diferenciação, numa crítica social viva e tocante. Mas é em "O rosto do menino" que esse universo infantil fragmentado ganha novo nexo, uma síntese.
Nessa síntese estão reunidos poeta, filho e pivete, reconstruídos em novo contexto:

"É poeta... é poeta...
no rosto desse menino de rua
vejo o rosto do teu filho
aquele verso mais lindo
que você guarda a sete chaves".

E o poeta, re-situado, dá outro significado ao poema já que:
"o poema agora
é incontinência fisiológica diante da arrogância da morte".

De uma certa maneira acho que os três tipos aqui infantis atravessam, mesmo que bastante maduros, a poesia de "Com as Mulheres", "Com o Romance", "Com o Machismo" e "Com os Urbanos".

Gostei mais de quando você fala das mulheres "com elas" do que quando você não resiste à tentação de se travestir de uma. Timidamente em "Palco", mas muito à vontade no "Pela Boca" e outros. Licença poética à parte, o fato é que reencontro a projeção camuflada, um pseudo duplo mulher que ainda tem em você seu tema-referência. Seria mesmo necessário utilizar o velho artifício?

Já quando você escancara encontros e embates sexo-raciais e sem mudar a identidade sexual ou racial, viajei literalmente. O efeito é ótimo, instigante, convida à reflexão.

Igualmente deliciosos o desenlace amoroso de "Crítica à tua interpretação" e o humor "politicamente correto" de "Do fundo do peito".

No mais, o que ficou foi um jogo de sensações que vai daquelas, quentes e malemolentes
"de um negão
chegando serelepe
para um ensaio da Portela"
até o desassossego, a incômoda presença da língua-faca-afiada que é a marca que o poeta chega até a confessar quando diz: "escrevo poemas como quem joga pedras" ("Razões").

Sonia Giacomini

DO PODRE AO PERFEITO

Do amor que fomos
nem as fotografias
retiveram nossos sorrisos.

Não temos mais
aquela aura bandeirosa,
de ser no outro a presença,
o limite, o infinito.

A cor caiu da paixão
e agora o sentimento
é invisível.

Viramos gado, arremedo de gente
e pastamos por noites insones
a ração das nossas amarguras.

Solidários, cuidamos um do outro
e mamamos o leite adulterado dessa dor.

Como se ainda houvesse fogo
resistimos com planos eroticidas
talvez a última tentativa
de não ter que dizer adeus.

... E nem percebemos
o quanto estamos sufocados
pelas cinzas do que fomos

SOBRE A ROSA DA RECUSA

Um negro e uma negra
que perderam o parafuso
resolveram se amar
para perpetuar a raça,
mas só tinham a carne e o corpo
e o ar que era de graça.
Ah! Um negro e uma raça
resolveram apertar os parafusos
para não caírem em desgraça...
ainda bem, ainda bem
que uma negra e sua carne
guardaram todo o ar
para respirar
sem afrouxar os parafusos
... porque o negro
... porque o negro
foi embora.

DO AMOR COM PAPELADA

Não consigo encontrar,
no meio desses papéis
que são a minha vida,
aqueles poemas de amor
que escrevi para você.
Não faz mal,
escrevo este como "Se..."
Djavan houvesse feito
para eu falar de nós dois.
Sou assim mesmo,
perco ou deixo passar
um monte de coisas importantes.
É bem verdade que preferiria
reler em detalhes
todos aqueles sonhos,
aqueles planos, aquelas pressas,
só para conferir se essa conquista,
bate com os detalhes
desse amor que a gente vive,
pois tínhamos tanto medo
de querer que fosse longo,
mas só você dizia
que se fosse pra sempre melaria.
Sei bem o por quê da tua angústia,
mas daqui há dez anos, talvez vinte,
quem sabe quinze dias
ainda vai ter inveja, que vai pensar
que eu por você, você por mim

não mudaríamos.

É gente que não pode amar
e tem alergia nos sentimentos
e solta veneno, quase uma defesa,
quando vê ou sente
a felicidade por perto.
Ó meu bem, como sou distraído,
os poemas não se perderam, tesão!
O nosso amor é que não pára
de ser escrito, inscrito.

Está tudo aqui,
dito por dito.

DE UM GOLPE

Quando o amor
vestir de vermelho
o último sonho
e a solidão
não for mistério
essa dor que
alvoroça o quarto
será guardada
para sempre.
Então o céu
vai se abrir
e a ilusão
terá asas de serpente
a paz será
tão grande
e a vida
um repente.

AMOR SOB ESSE TEMPO

O halo que envolve
o hábito,
quando o hálito do amor
se desprende,
não serve ao álibi.
Nenhuma moral é audaz.
Só os românticos sofrem
só eles sentem
o quanto é pecaminoso
amar.
Na paixão vale o fitar.

PELO RELÓGIO DA CENTRAL

Não é o relógio do pulso
que me aflige.
A minha angústia reside
no tempo que passa
pelo nosso amor
sem que você perceba.

ÚLTIMO EXEMPLAR

Meu coração
já não é um labirinto.
Sou solidão
porque aprendi a sentir
com essa gente de pedra
que me diluiu.
Os meus sonhos
não são úmidos e cálidos
como os lugares
onde se jogam as sementes.

                              Mais vale o bicho
                              que o homem
                              mais vale o bicho
                              com fome
                              que o homem
                              com esperança.

Não falo de amor
como quem dá milho
às galinhas.
Quebraram-me em abismos.
Abismos! Faço-os agora
para que o amor
esteja sempre nas profundezas
do eu.
Lugar de todas as vergonhas.

Éle Semog

Certezas... mas
o silêncio
é a única razão.

                        Mais vale a fome
que o homem
farto de esperança.

Não falo de amor à terra
sabendo que arados
estão prontos a me sangrar.
E já não posso ler
o que sei das estrelas,
pois elas ainda mentem
sobre os ombros dos generais
... Da dor sei mais segredos
do que a fiandeira
sabe do tear.

Mais vale o homem
ser pleno bicho
que ser bicho.

TRÊS MESES E DEZ DIAS

O sonho somos nós,
cristais, fragmentados,
materializados
num diamante ímpar,
jóia rara.
... partícula infinda
que sorri, chora e tem febre.
Eu e elezinho indescritíveis
mágicas da tua magia.

COM AS CRIANÇAS

O FILHO

Esse menino
quando se encolhe
no meu peito,
procurando abrigo,
impondo respeito,
cheira à flor de jamelão.

É um miúdo tão hábil
de sentidos
quanto as mãos
das tecelãs nos fios.

É um passarinho,
o meu filho,
que põe em mim
a dúvida,
se, pai, devo escolher
para ele,
ensinar a liberdade
do vôo
ou o aconchego
do ninho.

PIVETE

Quando eu puxo
o canivete,
não é o gesto
de tomar a tua grana
que me seduz.

Com ela eu compro apenas
um bagulho, uma lata de cola
e às vezes nem sei
se é melhor um cachorro quente
ou uma carreira,
pois sempre tenho que dividir.

Quando puxo o canivete
o que eu gosto mesmo
é de ver a tua cara de medo
igual ao medo que funk
na minha cara,
com o perrenguear
pelas grades da vida.

Quando eu meto uma bronca
não é só pra batalhar comida
"eu quero mesmo é comprar
uma iscola e dar boa vida
pra esses moleques aióóó..."

TITIC-TATAC-FUIM

Esperando o meu amor
em frente ao lado oposto
para esquecer do relógio
eu comi um tira-gosto

                    E fui comendo pipocas
                    um saquinho atrás do outro
                    quanto mais eu comia
                    mais melhorava o gosto

O relógio foi andando
mas fiquei ali parado
meu amor demora tanto
que já estou acostumado

                    De repente aconteceu
                    uma coisa inesperada
                    as pipocas que comi
                    ficaram todas piradas

Pulavam dentro de mim
igualzinho uma macacada
foi então que dei um grito:
que dor de barriga danada!

FAÇANHA

Naquela idade,
provando a vida,
provocando a ira de nossas
mães,
saíamos bandoleiros
infantis, piratas, índios, tarzãs
roubando frutas,
matando passarinhos,
achincalhando os velhos...
e em coro gritávamos:
a galinha comeu,
pipoca!
o lixeiro lambeu,
piroca!"
Daquela idade
eu sou o resto.
Os outros estão
no cárcere, no cemitério,
no hospício
uns poucos mantém
o vício de estarem vivos.
Nesta idade só resta eu
com o meu precipício.

SONHANDO ACORDADO

Amanhã eu tive um sonho
que acabou de acontecer
a vaca era um passarinho
que queria emagrecer

                tinha um cavalo amarelo
                que chupava picolé
                o Saci achou um chinelo
                que tinha o seu outro pé

No meu sonho aparecia
uma roda quadrada
no colchão de algodão doce
dormia uma velha pelada

                mas se o amanhã não é hoje
                como é que eu já sonhei
                é melhor não acordar
                o sono que dormirei.

COMO O SILÊNCIO DOS PUNHAIS

Eu bebi todo o fel da tristeza
e a saudade por fim
teve um gosto de mel.

Como chorei
na escuridão do meu medo
sentindo um desejo
de rever no espelho
o teu sorriso passar

Mas o tempo
não trouxe notícias
e o vento foi voz transformada
testemunha de quem agoniza
por amor e nada mais

Na flor da pele
o perfume da dor
quase sangrava assim
como o silêncio dos punhais
num sonho em mim.

TEOR

Ah! Criança!
Onde se oculta
o colo afetuoso
a palavra meiga
a mágica proteção...

a bola, a roda, o sonho
não são mais brincadeiras,
tão cedo são jogos duros
que furtados do dia-a-dia
arrasam a esperança
adiam o acontecer.

A infância não perde os segredos
mesmo quando os ventos da vida
são tempestade.

Ah! Criança!
Por onde andará
o Deus que te guarda
Falta o olhar dos anjos!
Falta o dever dos homens!

O ROSTO DO MENINO

Não foram os olhos minguados,
ou as mãos magras
inábeis para os gestos e acenos
das pantomimas...
Não foram os dentes podres,
naquela boca pequena
sorrindo fome tão exagerada
... muito menos os ossos
de cor nenhuma,
quase rompendo a pele amena.
Não meu verso! Patético alerta!
Não foi o tênis vazado pela unha
ou os trapos imundos, pudendos.
Aquele rosto - nem dor, nem crime -
nem solidão eu diria,
daria mais moral ao nu frontal
daquela esperança anunciada em farrapos,
se fosse apenas o veneno da miséria
tão arrogante, tão acima dos interesses
que regem o bem e o mal.
Ah pasmo poeta! Tirar versos da vida
não é mais coisa para Augusto dos Anjos,
Cruz e Souza, Lorca, Caetano, Baudelaire, Dicró.
O poema agora
é incontinência fisiológica
diante da arrogância da morte,
pois a sorte desse menino
contaminou as praças do Rio,

Salvador, Palestina, Recife, London.
De Copacabana à Teresina
a mesma sina...
somos todos prisioneiros
de uma só Candelária
baleada e morta nesse caos
de tontos direitos.
É poeta... É poeta...
no rosto desse menino de rua
vejo o rosto do teu filho,
aquele verso mais lindo
que você guarda a sete chaves
sem perceber as outras
poesias do mundo.

PÉ DE GENTE

Perguntei como nasceu
a irmã da Tatiana
ela me contou que foi
duma casca de banana

                    Comigo foi diferente:
                    quando eu era miudinho
                    eu era uma semente
                    na barriga da mamãe
                    foi que eu virei gente

Ela ficou me olhando
e disse que não entendeu
e me perguntou assim:
tá querendo enganar eu?

                    Pra gente ser uma semente
                    fruta antes tem que ser
                    imagina um pé de gente
                    carregadinho de bebê

Ia ser muito engraçado
a gente amadurecer
meu pai trepando na árvore
para poder me colher.

Éle Semog

MISS BRASIL 2000

Essa criança poesia descabida
toda nossa carne em carne viva
poderia ser apenas
mais uma miss do ano 2000.

Mas você não deixa não deixará
porque dentro do ser onde há menina
a mulher que seria
perde a quietude da infância
sob a indiferença coletiva.

Ai do sonho que se desfaz primeiro!

Essa menina de oito dez doze anos
imagem do nosso futuro obsceno
sabe do amor um crime um erro
quando o carinho é prazer predatório
diante do nosso olhar impassível.

MATANÇA

A fumaça do cigarro
desenha esse cão
selvagem no ar.

A minha memória,
na lucidez da fuga,
registra o teu
último ataque.

De nada adianta
o meu instinto de...
sou a sobra.

Com Éle Semog

Tecer comentários sobre um livro, no breve espaço de uma lauda, é tarefa difícil, mesmo que em nosso fazer poético a concisão seja condição "sine qua non".

Quando o livro em questão é ***A COR DA DEMANDA***, de Éle Semog, isto torna-se mais difícil ainda, pela diversidade de seu universo poético.

Vi-me, assim, num impasse. Ou extrapolaria os limites das laudas e me justificaria como o fez padre Antônio Vieira em suas Cartas: "Desculpe se fui longo porque não tive tempo de ser breve", ou organizaria um sistema para sintetizar o livro.

Optei pela segunda hipótese adotando o seguinte critério: como o livro de Éle Semog é segmentado, fiz seu percurso, escolhendo em cada um dos segmentos o poema mais representativo.

Com os urbanos: Em Surf de Trem, o poema maior, poema-verdade, saído da boca (da pena) do urbano sofrido, e o poeta por cima do trem "... misteriosa serpente".

Com as mulheres: Entre as duas falas de Semog, a FEMININA - fêmea passiva, sofrida, de cama e mesa, derradeiro modelo machista e a MASCULINA, fiquei com a última neste delicioso poema Assassinatos Domésticos onde o Poeta constata com humor o ciúme feminino avec racismo: "Cabelo em você / só se for de loura/ igual a mim!". "É... taí / (diz o Poeta) onde pensei que não existia também tem/ E o pior é que na minha cama".

Com o romance: Neste momento do livro, absolutamente envolvida, tantos poemas bons, mas difícil continuar fiel à organização que me impus. Chego ao Sobre a Rosa da Recusa. Não tenho dúvida. O poema é perfeito, seguro, parafusos apertados como em seus versos: "Um negro e uma negra/ que perderam o parafuso/ resolveram se amar/ para perpetuar a raça/mas só tinham a carne e o corpo/ e o ar era de graça/Ah!... um negro e uma raça/resolveram apertar os parafusos/ para não caírem em desgraça/ainda bem/ ainda bem/ que uma negra e sua carne/guardam todo o ar/ para respirar/ sem afrouxar os parafusos/... porque o negro foi embora".

Penso: este poema podia ser do Bandeira, tão bom que está.

Com as crianças: Diante de mim o cartaz, agressivo, vivo, chocante verdade. Assim como agora estou diante do poema Miss Brasil 2000. "Essa criança.../ poderia ser apenas/ mais uma miss do ano 2000/ Mas você não deixa não deixará/ porque dentro do ser onde há uma menina/ a mulher que seria/ perde a quietude da infância/ sob a indiferença coletiva".

A poesia, arma, grita, dedo em riste.

Com o machismo: Passei por todas as tentações dos poemas machistas de Éle Semog. Quase fraquejei no "Do Fundo do Peito", que sintetiza a ideologia machista "Não bato em mulher/ nem com uma flor/...mas tem umas que forçam tanto a barra/ que meia dúzia de porradas/ têm o sentido de carinho/ e nem parecem pancadas". Mas cheguei até o macho evoluído de SEMOG, o pós-barbárie, no poema Luxúria das palavras aquele que "perde-se num olhar/interno/ e em cada signo desfazer o detalhe/ a minúcia, o significado...".

Com o racismo: Sabe-se o princípio. Toda ação gera uma reação. Assim sendo, a violência gera violência e o racismo gera racismo, como se sente nos poemas de Éle Semog. O racismo negro contrapondo-se ao racismo branco, no poema Brincando com as Bonecas: "Matei!/... Ela chorava, minha irmã/... chorava pela sua boneca branca/ que eu não sei por quê/ queimei os cabelos louros/ e espetei o corpo todo/ com a chave de fenda do meu pai/ vez por outra vem à memória/ imagens de minha irmã pretinha, pretinha, encolhida/ num canto do quarto/ abraçada com sua boneca branca/... eu confesso, ainda sinto/ um certo prazer... uma excitação/ com essas lembranças/ de ter matado aquela coisa branca".

Mas a poesia é transcendência e o "beautiful" Black Palmares, pura celebração:
"Quero ser afro-geral/ afro-palmares/ deixar vibrar o sangue/ com este afro-tesão".

Axé! Poeta Éle Semog.

Lúcia Nobre

COISAS DO NADA

Não sei qual era a canção,
mas não era um sonho.
Nosso menino e o campo
nosso menino e a cidade.
Não sei qual era a canção
que perambulava amena
pela casa. Não sei qual
era a nossa casa.
Mas o menino no meu colo
e você rindo do jeitão bom
do lobo mau
que eu inventava para o nosso filho.
Não sei qual era a cantiga
qual era o nosso lar...
só lembro que não parecia sonho.

COM O MACHISMO

ENTRE XANGÔ E MARX

Meu bem
eu não sou tão imbecil
para pensar
que todas as flores
são rosas
e que todas as rosas
são a burguesia do jardim.

Sentimentalmente
não vale a classe social,
portanto bichinhos de estimação
também são caças.

Agora, você,
com essa sua arrogância
de proleta que venceu
na vida,
se quiser ser feliz
vai comer da minha comida
e bater cabeça pro meu santo.
O resto a gente continua
resolvendo na cama.

PICUINHA

Ter me feito de cachorro
até que não foi o pior,
mas já que eu tomava conta
do corpo dela
podia ao menos
ter me vacinado.

MATINAIS

Os teus olhos
quando se perdem
líquidos
minha sede acalma.

Não sou sedento de nada
diante da fonte que és.

Quando não choras
percebo o forte esforço
feminino,
então sou a tragédia
e mato o homem.
Sou um ideário que se mutila
e não satisfaz.

Os teus olhos voam
além da janela
e sopram vida em tudo.
Piedade sobre o meu cadáver.

Não sou sedento de nada
mas deixo nascer outro menino.

A tua boca engole o conflito
e transmite o silêncio.

Ainda assim, o beijo

refaz o destino
dessas horas alucinadas
antes do café da manhã.

DISCRETO

Tem dias que eu não consigo
voar com todos os meus loucos
e eles ficam dentro de casa
inventando palavras
que me deixam solto.

Têm dias soltos
que os loucos prendem os vôos
dentro de mim.

Ai como é bom!
A melhor jaula
é a que tem labirintos!
Meu corpo é o que sinto,
mas as palavras não
... elas vão se esvaindo
para não voltar mais.
E tudo é tão tempo,
como se eu pudesse
como se eu quisesse
como se eu voltasse
a escolher
Tem dias que estes loucos
não sabem usar-me em quê

DO FUNDO DO PEITO

Não bato em mulher
nem com uma flor,
ainda mais agora
com essa delegacia especializada.
Mas, segundo disse
o Zeca da Rita,
têm umas que forçam
tanto a barra
que meia dúzia de porradas
faz mais sentido que carinho
e nem parecem pancadas.

CRÍTICA À TUA INTERPRETAÇÃO

Quero te dizer merda
pelas vezes
que a cortina desceu
e só eu te aplaudi.

Merda
pelas tantas vezes
que você foi
o meu único espetáculo.

Te grito MERDA
pelos improvisos
de palco e de cama
por teres representado
tão bem
o nosso amor
vívido drama.

E sem mágoas
sem rancor
sem as aflições das coxias
eu quero que você
vá a merda,
porque jamais pensei
em fazer da nossa vida um teatro.
Ainda mais eu sendo o produtor
e você servindo de ponta.

UMA SEDA DE MULHER

Depois dessa birita toda
tenho que te aconselhar camarada,
mas fique sabendo meu chapa
que eu bebo para não beber
a mágoa de ninguém.
Quanto a ela?
Esquece... esquece mesmo,
pois mulher que faz a gente sofrer
é igual a cigarro em camisa de seda:
dá pra aproveitar,
mas nunca mais é a mesma coisa.

MANÉ, O VEGETAL

Pensou que ela fosse
um jiló
com um travo comedido.

Só de perto ele viu
que ela já deu mais
do que chuchu na serra.

O gosto mau disso tudo,
falou Mané,
é o seu drama de chifrudo,
que os amigos não entendem
e espalharam por aí que ele
é um machista banana.

Falou Mané,
segundo ela explicou,
que só queria ser feliz
e nessa busca se deu tão
intimamente a tantos homens,
e tantas vezes sofreu
que o coração dela ficou duro
feito um coco babaçu.

Falou Mané,
que o sofrimento
em sua alma foi profundo,
e só agora estão acertando

os ponteiros, o amor, o respeito.

Mas machista como é,
falou Mané,
que a decepção mesmo
é não saber o que fazer
com o abacaxi cravado no peito,
com o medo de ir fundo
e de repente machucar
como uma alface velha.

Falou Mané,
que a diferença entre eles
no amor,
é que ele adora vegetais sadios
e ela mesmo sem fome
embarca em qualquer fast-food.

Mané não falou
mas dá pra perceber
que ele pensou pêssego
e mordeu jurubeba.

MARINA E O VERBO, CODINOME

Quando você me fala
em outro idioma
só compreendo a arrogância
dos tons de certas palavras
perdidas no meio das frases
que recomponho com os teus sons.

Quando, em silêncio,
você declara tudo,
o meu pensamento é sincronia
do teu gestual mumificado.

Quando você me oprime com nada
e fica apenas Marina, Marina, Marina
sobre o meu ser,
como se me amar fosse codinome
eu próprio me converto em você
e fico saudade com a tua presença
e fico tolerância com a tua impaciência
e fico carência com a tua indiferença.

Assim comunicado em outro idioma,
limpo a minha culpa
e vivo apenas com o peso
de ter me apoderado do que penso:
ser o peso da tua consciência.

É aí que você gesticula em esperanto

e com as suas próprias palavras,
eu respondo a mim mesmo:
ela fala aos gritos feito torre de babel.

ROSAS DE CHUMBO

Na boca um gosto
do que há de mais amargo.
Na mão um buquê de rosas de chumbo.

A distância exata
entre nós dois, é um mundo...

Você por me amar
me faz sofrer
e eu por te querer
só sei te oferecer rosas de chumbo.

Acompanhando por motivos, para mim óbvios, o trabalho de Éle Semog, sinto uma satisfação muito grande pela constatação de que o autor amadureceu e consequentemente burilou o seu trabalho.

Semog mescla um lirismo latente com um amargor contundente... um certo desalento no que diz respeito ao racismo, talvez pelo pouco que se faz contra essa doença no Brasil.

Maravilhosamente, Éle Semog se revela um poeta, um cronista do nosso cotidiano, do nosso negro povão.

Como ignorar na vida real a perspicácia, a agressividade e sobretudo o realismo duro e cortante de "Surf de Trem", "Numa furada" ou "O Racismo se Pratica Assim".

Sinceramente, como eu gostaria de ter escrito os versos de amor, ternura e solidão presentes neste livro!

E o maravilhoso poema sobre a Lapa?

Tem que ter vivido para saber das coisas.

Poderia citar mais alguns que me tocaram no âmago, mas não é preciso. Sinto que algumas das falas me deslizam pela alma como um gole de bom vinho do porto.

Enfim, **a Cor da Demanda** feriu a minha consciência e eriçou a minha sensibilidade.

Aguardemos o próximo.

Francisco Costa Filho

O PAU COMO ARGUMENTO

Não sei se era da idade
ou da razão, ou desafio,
mas houve um tempo
que eu resolvia a vida
pelo cio.

171, 22 E OUTROS DESATINOS

Desde o primeiro dia
eu quis você
com as pernas abertas
o beijo farto
o toque mágico.

Mas tudo que recebi
foi esse gozo moderado
desse teu jeito esquisito
de fazer amor,
como se eu fosse
um paciente
e você uma Assistente Social.

LAPA, MINHA ALBUMINA

Eu amo a Lapa e seus mistérios
como um jogador de sinuca
ama a bola da vez.

Tem vezes que me deixo levar
por uma ilusão marota, audaz,
sem saber porque
e quando dou por mim
nem sei da minha história, da minha fadiga.
Só sinto que os olhos ficam tristes
e a Lapa passa em pedaços de passado
pelo meu coração carregado de restos
de um futuro nem de todo fodido.
... Minha ilusão audaz é só nostalgia.

Mas a Lapa é minha,
com a sua exuberância de tudo,
em Geraldo Pereira, Carmem Miranda,
Madame Satã, Vera, Zuzu e Glorinha.

Lapa, que me deixa bêbado de mim,
meu lugar de falatório, meu paraíso.
Sutil poesia feito menino rápido,
fiasco de vida, vez engraxate,
vez malabarista, vez bandido.
Às vezes no berro, outras no grito.
Como sou grandioso na Lapa,
sou multidão discreta, ferina

amado de alcova em alcova
na cama sempre quentinha
de Lucimar, Alaíde, Polaca,
que outro homem acabou de usar.

A Lapa é minha albumina,
meu coagular.
É uma grana emprestada,
é uma papo cabeça,
é um deixa pra lá.

Só que a Lapa dói
é um sofrer que arrasta o infinito.
Não... não é uma dor psicossomática,
não é uma ânsia por um grito...
é como se fosse um amor
bem definido, metido a sincero
mas que arrasa planos, sonhos, mitos.

Lapa quando dói
tudo perde o sentido,
toda a Lapa é um só escarcéu
com tantos silêncios e seus ti-ti-ti.

É na Lapa onde me encontro
com os fantasmas dos amigos
e faço acordos com os vivos
em meio a disse me disse.
É onde corro um perigo equilibrado
é onde bebo mais de mil cachaças.

É na Lapa que se chora ao ver
a mulher mais amada de outrora,
agora tão maltratada,
nas mãos de um caô pé rapado,
malandro otário que nem sabe
das vinganças nos becos
e dos favores de um navalha da Lapa.
Eu bebo na Lapa a seiva da vida
e os delírios vadios da noite
onde tem sempre uma poética euforia
fazendo da ressaca doce luxúria,
que divido nas madrugadas
com os meus amigos mendigos,
tão íntimos como um beijo na boca,
como nossas escolhas, sem os nossos destinos.

Não quero mais a devassidão das fortunas,
as santas putas, seus falatórios...
Minha vida inteira é só ser da Lapa,
meu delírio e mundo do meu paraíso.
Só a Lapa é meu agrado,
só a Lapa eu levo a sério
quando eu estou sóbrio.

COISAS DE MERCADO DOMÉSTICO

Se eu lhe tratasse
conforme os banqueiros
tratam os bancários
talvez você até
fizesse uma pirracinha,
mas depois ficaria
pianinho, pianinho.

Mas como lhe respeitei
à moda das suas certezas
femininas e vorazes,
deu no que deu:
você me come como
um serventuário de segundo escalão
e por qualquer motivo me pune
na base de estatuto.

LUXÚRIA DAS PALAVRAS

Cavalgar a ferro a palavra
selvagem e permutar o sentido
do corpo pela inércia da alma.

Perder-se num olhar
interno
e em cada signo desfazer o detalhe,
a minúcia, o significado...
deixar aos sábios os limites
da angústia e recriar
o silêncio com a mesma sabedoria
de quem inventa o alimento.

A CIDADE ATROPELADA COM AS PESSOAS DENTRO

Quero lá saber
se a vizinha afogou o marido
na privada
e o cara entupiu o prédio inteiro?
Tem dias que a gente
chega em casa com um tesão estranho
uma saudade fissurada,
doido por carinho, um chamego.

Dá vontade de fazer
um corte por dentro
e separar o amor que sinto
do ser unitário que sou.
Mas não consigo mais.

Sou o tempo todo
como os grânulos de açúcar,
muitas partículas
para firmar o sabor.

Bom mesmo é deixar fluir,
mas mesmo com a leveza dos lençóis
peles, pernas, pêlos, apelos
toques, hálito, desejos
não consigo ocultar de mim,
em pleno orgasmo,
a morbidez da luta de classes.

Quero lá saber
se o moleque escreveu palavrão
no quadro de aviso dos professores
e que cortaram a merda do telefone.
Tem dias que a gente
chega em casa e dá uma tristeza furiosa,
uma rudeza amedrontada.

COM O
RACISMO

Hermógenes Almeida da Silva Filho
Zaqueu José Bento
Mário Gusmão
Beatriz Nascimento
Lélia Gonzalez
Rosa Maria Mendonça
Arnaldo Xavier
Oliveira Silveira
Abdias Nascimento
Jônatas da Conceição
Azoilda Loretto da Trindade
Togo Ioruba
Nysio Chrysostomo
José Carlos Limeira
Dinorá Elma Amaral Gomes
Antônio Martins

dia desses
eu chego com este livro
pra vocês
aí em aruanda

RAZÕES

Não me oferecem doces,
pois de onde vim
as crianças foram criadas
com pimenta.

A poesia é o meu recanto
a minha fuga.

Mesmo assim, escrevo poemas
como quem joga pedras.

Não tenho nenhum motivo
para reler os búzios,
não quero pensar na sorte
desse 13, muito menos
nos dois artigos da lei.

Não tenho razões
para sorrir à nenhuma princesa,
por isso quando escrevo,
mesmo sobre o mel e as flores
não pretendo ser doce ou lírico.
Em cada verso, sou as marcas
dessa História.

Do mel, sei apenas,
as ferroadas das abelhas
das flores, o perfume

que acorda na memória
multidões de defuntos
do meu povo.

CURIOSIDADES NEGRAS

Para que serve um homem
se ele não for sempre
um ontem e um amanhã.

Como pode um ser pensante
não ser terra, água, fogo
se ele é planta, ar, bicho,
pedra que fere e constrói
na trajetória do ferro
forma e ar, de toda a
força que lhe faz ser.

Impossível, pois se é negro
separar o bom do ruim
o longe do perto,
os olhos da visão.

A natureza é uma coisa só
sendo um mutirão.

Que sentido tem um ser
negro
se não for dessa perfeição.

NAS CALÇADAS DA LAPA

Tem dias que olho
os negros espalhados
pelas calçadas da Lapa
(Sou eu? Sou eu?)
bêbados, fétidos,
com os culhões vazando
pelas calças rasgadas...
(ai de ti Zumbi! Ai de ti Zumbi!).
E ficam ali alheios de toda a guerra
e ficam ali alheios de toda a cor
com suas mulheres negras, amulatadas
amamentando filhos negros, amulatados,
com os olhos minguados assim,
e os seios sujos e flácidos
e a moeda, a caridade
o olhar dos brancos
o meu olhar sem dor sem fúria.
A cachaça, os restos de tudo.
(Sou eu! sou eu !)
Tem dias que não consigo
levantar da calçada
para ir numa reunião
dessas entidades negras...
e nas vezes que vou,
não vou todo.
Metade de mim fica lá,
nas calçadas da Lapa.
Mas é nas entidades negras,

no movimento negro,
que sinto um sopro, uma fé, uma proteção.
Eles escrevem documentos e mais documentos para os partidos,
para o presidente, até para o exterior.
Sinto que sou um elo
e é possível ser negro
só não consigo escapar das calçadas da Lapa.
Valei-me de ti Zumbi, valei-me.

CARINHO

Você fala que me sente
como um agasalho
sobre o teu corpo.

Sorri e se entrega
ao chamego
sem perceber que descendo
de um povo.

Depois do amor,
esparramado na tua ternura,
lembro que no passar
de cada página das horas
sofríamos tudo...
mas sempre seremos serenos e suaves.

Suave é o fogo e a fúria
a canção dos teus sussurros
a fonte de cheiros
nas nossas vertentes
enredadas no lençol.

Antes do amor,
como a pontuar o desejo,
uma memória desgarrada
em cada fábrica
em cada escola,
em cada corte de cana.

Repousa a ferramenta
a mina guarda silêncio.

A fumaça do primeiro trago
desenha coisas no quarto.

CONGLOMERADOS

Tudo à direita
serve à esquerda
e vice-versa
basta não ser negro.

Explorado e explorador
falam com a mesma cor
e tudo à esquerda
serve à direita
até os negros,
embora sós.

Veja ao seu lado:
romper a ordem
deixar de ser coisa
já não é bom negócio
para os ideais do conjunto.

Para comprovar
tente ser negro e ser tudo.

CORDIALMENTE

Toda vez que um desses brancos
de partido político, instituição financeira,
de força militar, ou de resistência popular,
por conta do cerimonial,
aperta a minha mão, ou me abraça,
eu sinto bem as bostelas
dos míseros e impuros
em contato com a veludez cósmica
da minha pele negra.
... Dá um nervoso por dentro,
eu fico aflito,
pois são tão poucos os brancos
que não são doentes,
que eu fico o tempo todo
procurando um jeito de desinfetar,
livrar-me dos germes daquele contato.
Toda vez que um desses brancos
ri para mim, não perco a sensação
de que com o seu riso, os seus olhos frios,
ele matou, mata e matará muitos negros.
Cordialmente eu respondo,
também com um sorriso,
enquanto projeto em pensamento
o silvar do meu facão decepando-lhe a cabeça.
... Toda vez que um desses brancos.

NOSSOS ANVERSOS

Não adianta desfingir
que o som do blues
que nos perturba
não se confunde com um
desses pretos de esquina.

Não adianta possuir
sem ter respostas no querer...

Eu posso ciumar
pois quero outras felicidades,
você não ! apenas quer de mim
a fartura que não conseguiu
nas suas ilusões urbanas.

PENÚLTIMO APOCALÍPSE

Construiu igualdades só para ser
diferente, mais homem do que poeta bebeu a
ilusão dos
iguais, mas quando tentou ser gente,
seus entes já eram bestas atônitas, e como se
fosse pela última vez embriagou-se com o
sol, porém não vomitou vulcões.

Lúcido, estupidamente lúcido, guardou o
arco-íris no bolso e se enforcou com um
sobretom. Ainda hoje tenta ser vermelho
embora saiba que perdeu a dor original.

SEM CLASSE O NOVO

Não rezo em cartão de ponto
não peço licença a branco
e só respeito freqüência
de quem se liga em Malcon X,
um gringo negão que nem nós.
Um dia eu quis ser doutor,
pensei até ser deputado
um preto bem importante
com uma baita loura do lado.
Mas tudo mudou na cabeça
e cada certo
tem o seu coração errado
por isso agora eu sou bicho
... bicho solto, preto enraivado.

BURLAS, JOGOS E BRINQUEDOS

Às vezes faço versos
com a mesma indolência
de um negão
chegando serelepe
para um ensaio da Portela
... é que a Mangueira,
querida, querida, querida
fica tão distante.

Noutras, sou mesmo
uma criança escatológica
brincando com as palavras
como se fossem (mel) (ecas). Melecas?

Tem dias que defino poemas
como as borboletas amarelas,
que invadem e perturbam
o colorido sufocante do Rio de Janeiro,
ou São Paulo, ou Bahia, ou Paraná.

Ah! Sei lá quem foi
sei lá por onde
que um beijo escapou pela janela
e um dos meus versos
trombou com um sabiá.
Às vezes sou poesia
como o alívio das vacas.
Evite pisar.

BRINCANDO COM BONECAS

Matei!
E a minha irmã odiou-me tanto,
que mesmo velho, assim como estou,
ainda sinto o fogo do ódio infantil.

Ela chorava, minha irmã
tão miúda, com os cabelos
esticados a ferro quente,
chorava pela sua boneca branca,
que eu não sei por quê,
queimei os cabelos louros
e espetei o corpo todo
com a chave de fenda do meu pai.

Ainda lembro da surra que levei.

Hoje, assim como estou, noutro milênio
vez por outra vêm à memória
imagens da minha irmã,
pretinha, pretinha, encolhida
num canto do quarto,
abraçada com a sua boneca branca
e chorando lágrimas tão doídas, doídas
que eu confesso, ainda sinto
um certo prazer... uma excitação
com essas lembranças,
de ter matado aquela coisa branca.

NOTA FÚNEBRE

Morreu.
Sem ver. Sem falar. Sem ouvir.
Tudo que sentiu
foi por fora dos negros.

Agora dizem que o sujeito,
o morto,
jamais se deu à palavra
vida. Só branco.

Deixou obra farta
e exótica.

(Fofocas): mesmo sendo católico
tinha um bom Exú!
Ansim, o povo conta
que ele sentia medo
de escrever o torto direito
porque sabia que o Brasil
é um país de negros
e que não há casa grande ou senzala
que consiga esconder, evitar,
que todo o povo fique preto, preto, preto...
do lixeiro ao presidente
do industrial ao bicheiro
do cientista ao capoeira.

Morreu.

Mas quem há de bani-lo
da História,
se tatuou mentiras
em brancos e pretos
com escritas tão belas.

Tinha boas intenções,
o morto.
Inclusive foi direto pro inferno.

ALUCINAÇÕES

Um preto caiu na esquina
e dois pretos o levantaram
foram simbora sendo três
fui atrás e me juntei.

Um boi coxo
bebeu o mar
o mundo ficou
vazio
feito um coração
antes do cio.

Quatro pretos
rolaram ladeira
oito pretos também rolaram
eram doze pretos sagrados!
... não ! sangrados
doze na madrugada
que esperam doze horas
para o rabecão passar.

Um siri maluco
atacou a lua errada
sem perceber o quarto minguante
virou um errante
levou uma facada.

Eram doze mulheres caladas
esperando, pelo menos,
um daqueles pretos voltar.

CURIOSIDADES BRANCAS

Os brancos dividem o
Universo
em vários pedaços,
como se fosse uma
pizza
e dizem que assim
é mais fácil de aprender a
vida.

Depois dividem o destino
em dois
caminhos,
o do bem e o do mal,
para que as pessoas sigam
à maneira do gado.

Por fim, para alimentar o
espírito
os brancos dizem que
o pão é a carne
e o vinho é o sangue
do Pai deles.

E na maior cara de pau afirmam
é verdade,
eu já ouvi,
que comer carne humana é pecado,
é antropofagia.
É... os brancos são
excentricamente sabidos.

BLACK PALMARES

Black palmares Zumbi urbano
fogo por dentro, insano
de milsol sobre mares
loucura imperfeita
nas Américas da solidão.

Afro-Brasil de peles e de tons
Afro-palmares
destino feito
na palma da mão.

Jeito de black prazer
posso som arte
cheiro de brilho
cabeça de ilusão.

Quero ser afro-geral
afro-palmares
deixar vibrar o sangue
com esse afro-tesão.

Uai tchê canção
o que rola por dentro
não bate cabeça
white canção
não bate de frente...

coragem de negro

é coragem de coração.

Afro-palmares de tudo
gestando explosões
seda apertada, prazer de veludo
o tempo é na graça e penso sonhar-te
afro-metáfora, afro emoção.

Este livro foi composto em Arno Pro Light,
impresso pela gráfica PSI7 sobre papel Pólen Soft 80, para
a Editora Malê, no Rio de Janeiro, em novembro de 2018.